This bird watching log book belongs to:

Grady Meehan

Guess who picked out
this book? We had fun
watching the birds with
you.

Season: _____

Date: _____ Time: _____

Location: _____

Weather Conditions _____

_____

_____

Place Seen _____

_____

_____

Bird Behavior _____

_____

_____

Features / Description _____

_____

_____

NOTES:

Season: _____

Date: _____ Time: _____

Location: _____

Weather Conditions _____

_____

_____

Place Seen _____

_____

_____

Bird Behavior _____

_____

_____

Features / Description _____

_____

_____

Notes:

Season: _____

Date: _____ TIME: _____

Location: _____

Weather Conditions _____

_____

_____

Place Seen _____

_____

_____

Bird Behavior _____

_____

_____

Features / Description _____

_____

_____

NOTES:

SEASON: _____

DATE: _____ TIME: _____

LOCATION: _____

WEATHER CONDITIONS _____

_____

_____

PLACE SEEN _____

_____

_____

BIRD BEHAVIOR _____

_____

_____

FEATURES / DESCRIPTION _____

_____

_____

NOTES:

Season: _____

Date: _____ Time: _____

Location: _____

Weather Conditions _____

_____

_____

Place Seen _____

_____

_____

Bird Behavior _____

_____

_____

Features / Description _____

_____

_____

NOTES:

Season: _____

Date: _____ Time: _____

Location: _____

Weather Conditions _____

_____

_____

Place Seen _____

_____

_____

Bird Behavior _____

_____

_____

Features / Description _____

_____

_____

Notes:

SEASON: _____

DATE: _____ TIME: _____

LOCATION: _____

WEATHER CONDITIONS _____

_____

_____

PLACE SEEN _____

_____

_____

BIRD BEHAVIOR _____

_____

_____

FEATURES / DESCRIPTION _____

_____

_____

NOTES:

SEASON: _____

DATE: _____ TIME: _____

LOCATION: _____

WEATHER CONDITIONS _____

_____

_____

PLACE SEEN _____

_____

_____

BIRD BEHAVIOR _____

_____

_____

FEATURES / DESCRIPTION _____

_____

_____

NOTES:

Season: _____

Date: _____ TIME: _____

Location: _____

Weather Conditions _____

_____

_____

Place Seen _____

_____

_____

Bird Behavior _____

_____

_____

Features / Description _____

_____

_____

NOTES:

Season: _____

Date: _____ TIME: _____

Location: _____

Weather Conditions _____

_____

_____

Place Seen _____

_____

_____

Bird Behavior _____

_____

_____

Features / Description _____

_____

_____

NOTES:

Season: _____

Date: _____ TIME: _____

Location: _____

Weather Conditions _____

_____

_____

Place Seen _____

_____

_____

Bird Behavior _____

_____

_____

Features / Description _____

_____

_____

NOTES:

Season: _____

Date: _____ Time: _____

Location: _____

Weather Conditions _____

_____

_____

Place Seen _____

_____

_____

Bird Behavior _____

_____

_____

Features / Description _____

_____

_____

Notes:

SEASON: _____

DATE: _____ TIME: _____

LOCATION: _____

WEATHER CONDITIONS _____

_____

_____

PLACE SEEN _____

_____

_____

BIRD BEHAVIOR _____

_____

_____

FEATURES / DESCRIPTION _____

_____

_____

NOTES:

SEASON: _____

DATE: _____ TIME: _____

LOCATION: _____

WEATHER CONDITIONS _____

_____

_____

PLACE SEEN _____

_____

_____

BIRD BEHAVIOR _____

_____

_____

FEATURES / DESCRIPTION _____

_____

_____

NOTES:

SEASON: _____

DATE: _____ TIME: _____

LOCATION: _____

WEATHER CONDITIONS _____

_____

_____

PLACE SEEN _____

_____

_____

BIRD BEHAVIOR _____

_____

_____

FEATURES / DESCRIPTION _____

_____

_____

NOTES:

Season: _____

Date: _____ Time: _____

Location: _____

Weather Conditions _____

_____

_____

Place Seen _____

_____

_____

Bird Behavior _____

_____

_____

Features / Description _____

_____

_____

NOTES:

Season: _____

Date: _____ Time: _____

Location: _____

Weather Conditions _____

_____

_____

Place Seen _____

_____

_____

Bird Behavior _____

_____

_____

Features / Description _____

_____

_____

NOTES:

SEASON: _____

DATE: _____ TIME: _____

LOCATION: _____

WEATHER CONDITIONS _____

_____

_____

PLACE SEEN _____

_____

_____

BIRD BEHAVIOR _____

_____

_____

FEATURES / DESCRIPTION _____

_____

_____

NOTES:

SEASON: _____

DATE: _____ TIME: _____

LOCATION: _____

WEATHER CONDITIONS _____

_____

_____

PLACE SEEN _____

_____

_____

BIRD BEHAVIOR _____

_____

_____

FEATURES / DESCRIPTION _____

_____

_____

NOTES:

SEASON: _____

DATE: _____ TIME: _____

LOCATION: _____

WEATHER CONDITIONS _____

_____

_____

PLACE SEEN _____

_____

_____

BIRD BEHAVIOR _____

_____

_____

FEATURES / DESCRIPTION _____

_____

_____

NOTES:

Season: _____

Date: _____ Time: _____

Location: _____

Weather Conditions _____

_____

_____

Place Seen _____

_____

_____

Bird Behavior _____

_____

_____

Features / Description _____

_____

_____

Notes:

Season: _____

Date: _____ Time: _____

Location: _____

Weather Conditions _____

_____

_____

Place Seen _____

_____

_____

Bird Behavior _____

_____

_____

Features / Description _____

_____

_____

NOTES:

Season: _____

Date: _____ Time: _____

Location: _____

Weather Conditions _____

_____

_____

Place Seen _____

_____

_____

Bird Behavior _____

_____

_____

Features / Description _____

_____

_____

Notes:

SEASON: _____

DATE: _____ TIME: _____

LOCATION: _____

WEATHER CONDITIONS _____

_____

_____

PLACE SEEN _____

_____

_____

BIRD BEHAVIOR _____

_____

_____

FEATURES / DESCRIPTION _____

_____

_____

NOTES:

SEASON: _____

DATE: _____ TIME: _____

LOCATION: _____

WEATHER CONDITIONS _____

_____

_____

PLACE SEEN _____

_____

_____

BIRD BEHAVIOR _____

_____

_____

FEATURES / DESCRIPTION _____

_____

_____

NOTES:

Season: _____

Date: _____ Time: _____

Location: _____

Weather Conditions _____

_____

_____

Place Seen _____

_____

_____

Bird Behavior _____

_____

_____

Features / Description _____

_____

_____

NOTES:

SEASON: _____

DATE: _____ TIME: _____

LOCATION: _____

WEATHER CONDITIONS _____

_____

_____

PLACE SEEN _____

_____

_____

BIRD BEHAVIOR _____

_____

_____

FEATURES / DESCRIPTION _____

_____

_____

NOTES:

Season: _____

Date: _____ Time: _____

Location: _____

Weather Conditions _____

_____

_____

Place Seen _____

_____

_____

Bird Behavior _____

_____

_____

Features / Description _____

_____

_____

NOTES:

Season: _____

Date: _____ Time: _____

Location: _____

Weather Conditions _____

_____

_____

Place Seen _____

_____

_____

Bird Behavior _____

_____

_____

Features / Description _____

_____

_____

Notes:

SEASON: _____

DATE: _____ TIME: _____

LOCATION: _____

WEATHER CONDITIONS _____

_____

_____

PLACE SEEN _____

_____

_____

BIRD BEHAVIOR _____

_____

_____

FEATURES / DESCRIPTION _____

_____

_____

NOTES:

SEASON: _____

DATE: _____ TIME: _____

LOCATION: _____

WEATHER CONDITIONS _____

_____

_____

PLACE SEEN _____

_____

_____

BIRD BEHAVIOR _____

_____

_____

FEATURES / DESCRIPTION _____

_____

_____

NOTES:

SEASON: _____

DATE: _____ TIME: _____

LOCATION: _____

WEATHER CONDITIONS _____

_____

_____

PLACE SEEN _____

_____

_____

BIRD BEHAVIOR _____

_____

_____

FEATURES / DESCRIPTION _____

_____

_____

NOTES:

SEASON: _____

DATE: _____ TIME: _____

LOCATION: _____

WEATHER CONDITIONS _____

_____

_____

PLACE SEEN _____

_____

_____

BIRD BEHAVIOR _____

_____

_____

FEATURES / DESCRIPTION _____

_____

_____

NOTES:

Season: _____

Date: _____ Time: _____

Location: _____

Weather Conditions _____

_____

_____

Place Seen _____

_____

_____

Bird Behavior _____

_____

_____

Features / Description _____

_____

_____

Notes:

Season: _____

Date: _____ Time: _____

Location: _____

Weather Conditions _____

_____

_____

Place Seen _____

_____

_____

Bird Behavior _____

_____

_____

Features / Description _____

_____

_____

Notes:

SEASON: _____

DATE: _____ TIME: _____

LOCATION: _____

WEATHER CONDITIONS _____

_____

_____

PLACE SEEN _____

_____

_____

BIRD BEHAVIOR _____

_____

_____

FEATURES / DESCRIPTION _____

_____

_____

NOTES:

SEASON: _____

DATE: _____ TIME: _____

LOCATION: _____

WEATHER CONDITIONS _____

_____

_____

PLACE SEEN _____

_____

_____

BIRD BEHAVIOR _____

_____

_____

FEATURES / DESCRIPTION _____

_____

_____

NOTES:

SEASON: _____

DATE: _____ TIME: _____

LOCATION: _____

WEATHER CONDITIONS _____

_____

_____

PLACE SEEN _____

_____

_____

BIRD BEHAVIOR _____

_____

_____

FEATURES / DESCRIPTION _____

_____

_____

NOTES:

Season: _____

Date: _____ Time: _____

Location: _____

Weather Conditions _____

_____

_____

Place Seen _____

_____

_____

Bird Behavior _____

_____

_____

Features / Description _____

_____

_____

Notes:

Season: _____

Date: _____ Time: _____

Location: _____

Weather Conditions _____

_____

_____

Place Seen _____

_____

_____

Bird Behavior _____

_____

_____

Features / Description _____

_____

_____

Notes:

SEASON: _____

DATE: _____ TIME: _____

LOCATION: _____

WEATHER CONDITIONS _____
_____
_____

PLACE SEEN _____
_____
_____

BIRD BEHAVIOR _____
_____
_____

FEATURES / DESCRIPTION _____
_____
_____

NOTES:

SEASON: _____

DATE: _____ TIME: _____

LOCATION: _____

WEATHER CONDITIONS _____

_____

_____

PLACE SEEN _____

_____

_____

BIRD BEHAVIOR _____

_____

_____

FEATURES / DESCRIPTION _____

_____

_____

NOTES:

SEASON: _____

DATE: _____ TIME: _____

LOCATION: _____

WEATHER CONDITIONS _____

_____

_____

PLACE SEEN _____

_____

_____

BIRD BEHAVIOR _____

_____

_____

FEATURES / DESCRIPTION _____

_____

_____

NOTES:

SEASON: _____

DATE: _____ TIME: _____

LOCATION: _____

WEATHER CONDITIONS _____

_____

_____

PLACE SEEN _____

_____

_____

BIRD BEHAVIOR _____

_____

_____

FEATURES / DESCRIPTION _____

_____

_____

NOTES:

SEASON: _____

DATE: _____ TIME: _____

LOCATION: _____

WEATHER CONDITIONS _____

_____

_____

PLACE SEEN _____

_____

_____

BIRD BEHAVIOR _____

_____

_____

FEATURES / DESCRIPTION _____

_____

_____

NOTES:

Season: _____

Date: _____ Time: _____

Location: _____

Weather Conditions _____

_____

_____

Place Seen _____

_____

_____

Bird Behavior _____

_____

_____

Features / Description _____

_____

_____

Notes:

SEASON: _____

DATE: _____ TIME: _____

LOCATION: _____

WEATHER CONDITIONS _____

_____

_____

PLACE SEEN _____

_____

_____

BIRD BEHAVIOR _____

_____

_____

FEATURES / DESCRIPTION _____

_____

_____

NOTES:

Season: _____

Date: _____ Time: _____

Location: _____

Weather Conditions _____

_____

_____

Place Seen _____

_____

_____

Bird Behavior _____

_____

_____

Features / Description _____

_____

_____

Notes:

Season: _____

Date: _____ TIME: _____

Location: _____

Weather Conditions _____

_____

_____

Place Seen _____

_____

_____

Bird Behavior _____

_____

_____

Features / Description _____

_____

_____

NOTES:

SEASON: _____

DATE: _____ TIME: _____

LOCATION: _____

WEATHER CONDITIONS _____

_____

_____

PLACE SEEN _____

_____

_____

BIRD BEHAVIOR _____

_____

_____

FEATURES / DESCRIPTION _____

_____

_____

NOTES:

SEASON: _____

DATE: _____ TIME: _____

LOCATION: _____

WEATHER CONDITIONS _____

_____

_____

PLACE SEEN _____

_____

_____

BIRD BEHAVIOR _____

_____

_____

FEATURES / DESCRIPTION _____

_____

_____

NOTES:

SEASON: _____

DATE: _____ TIME: _____

LOCATION: _____

WEATHER CONDITIONS _____

_____

_____

PLACE SEEN _____

_____

_____

BIRD BEHAVIOR _____

_____

_____

FEATURES / DESCRIPTION _____

_____

_____

NOTES:

Season: _____

Date: _____ Time: _____

Location: _____

Weather Conditions _____

_____

_____

Place Seen _____

_____

_____

Bird Behavior _____

_____

_____

Features / Description _____

_____

_____

Notes:

SEASON: _____

DATE: _____ TIME: _____

LOCATION: _____

WEATHER CONDITIONS _____

_____

_____

PLACE SEEN _____

_____

_____

BIRD BEHAVIOR _____

_____

_____

FEATURES / DESCRIPTION _____

_____

_____

NOTES:

Season: _____

Date: _____ TIME: _____

Location: _____

Weather Conditions _____

_____

_____

Place Seen _____

_____

_____

Bird Behavior _____

_____

_____

Features / Description _____

_____

_____

NOTES:

SEASON: _____

DATE: _____ TIME: _____

LOCATION: _____

WEATHER CONDITIONS _____

_____

_____

PLACE SEEN _____

_____

_____

BIRD BEHAVIOR _____

_____

_____

FEATURES / DESCRIPTION _____

_____

_____

NOTES:

SEASON: _____

DATE: _____ TIME: _____

LOCATION: _____

WEATHER CONDITIONS _____

_____

_____

PLACE SEEN _____

_____

_____

BIRD BEHAVIOR _____

_____

_____

FEATURES / DESCRIPTION _____

_____

_____

NOTES:

SEASON: _____

DATE: _____ TIME: _____

LOCATION: _____

WEATHER CONDITIONS _____

_____

_____

PLACE SEEN _____

_____

_____

BIRD BEHAVIOR _____

_____

_____

FEATURES / DESCRIPTION _____

_____

_____

NOTES:

SEASON: _____

DATE: _____ TIME: _____

LOCATION: _____

WEATHER CONDITIONS _____
_____
_____

PLACE SEEN _____
_____
_____

BIRD BEHAVIOR _____
_____
_____

FEATURES / DESCRIPTION _____
_____
_____

NOTES:

SEASON: _____

DATE: _____ TIME: _____

LOCATION: _____

WEATHER CONDITIONS _____

_____

_____

PLACE SEEN _____

_____

_____

BIRD BEHAVIOR _____

_____

_____

FEATURES / DESCRIPTION _____

_____

_____

NOTES:

SEASON: _____

DATE: _____ TIME: _____

LOCATION: _____

WEATHER CONDITIONS _____

_____

_____

PLACE SEEN _____

_____

_____

BIRD BEHAVIOR _____

_____

_____

FEATURES / DESCRIPTION _____

_____

_____

NOTES:

Season: _____

Date: _____ Time: _____

Location: _____

Weather Conditions _____

_____

_____

Place Seen _____

_____

_____

Bird Behavior _____

_____

_____

Features / Description _____

_____

_____

NOTES:

SEASON: _____

DATE: _____ TIME: _____

LOCATION: _____

WEATHER CONDITIONS _____

_____

_____

PLACE SEEN _____

_____

_____

BIRD BEHAVIOR _____

_____

_____

FEATURES / DESCRIPTION _____

_____

_____

NOTES:

SEASON: _____

DATE: _____ TIME: _____

LOCATION: _____

WEATHER CONDITIONS _____

_____

_____

PLACE SEEN _____

_____

_____

BIRD BEHAVIOR _____

_____

_____

FEATURES / DESCRIPTION _____

_____

_____

NOTES:

Season: _____

Date: _____ TIME: _____

Location: _____

Weather Conditions _____

_____

_____

Place Seen _____

_____

_____

Bird Behavior _____

_____

_____

Features / Description _____

_____

_____

NOTES:

SEASON: _____

DATE: _____ TIME: _____

LOCATION: _____

WEATHER CONDITIONS _____

_____

_____

PLACE SEEN _____

_____

_____

BIRD BEHAVIOR _____

_____

_____

FEATURES / DESCRIPTION _____

_____

_____

NOTES:

SEASON: _____

DATE: _____ TIME: _____

LOCATION: _____

WEATHER CONDITIONS _____

_____

_____

PLACE SEEN _____

_____

_____

BIRD BEHAVIOR _____

_____

_____

FEATURES / DESCRIPTION _____

_____

_____

NOTES:

Season: _____

Date: _____ Time: _____

Location: _____

Weather Conditions _____

_____

_____

Place Seen _____

_____

_____

Bird Behavior _____

_____

_____

Features / Description _____

_____

_____

NOTES:

Season: _____

Date: _____ Time: _____

Location: _____

Weather Conditions _____

_____

_____

Place Seen _____

_____

_____

Bird Behavior _____

_____

_____

Features / Description _____

_____

_____

Notes:

Season: _____

Date: _____ Time: _____

Location: _____

Weather Conditions _____

_____

_____

Place Seen _____

_____

_____

Bird Behavior _____

_____

_____

Features / Description _____

_____

_____

NOTES:

Season: _____

Date: _____ Time: _____

Location: _____

Weather Conditions _____

_____

_____

Place Seen _____

_____

_____

Bird Behavior _____

_____

_____

Features / Description _____

_____

_____

Notes:

SEASON: _____

DATE: _____ TIME: _____

LOCATION: _____

WEATHER CONDITIONS _____

_____

_____

PLACE SEEN _____

_____

_____

BIRD BEHAVIOR _____

_____

_____

FEATURES / DESCRIPTION _____

_____

_____

NOTES:

Season: _____

Date: _____ TIME: _____

Location: _____

Weather Conditions _____

_____

_____

Place Seen _____

_____

_____

Bird Behavior _____

_____

_____

Features / Description _____

_____

_____

NOTES:

SEASON: _____

DATE: _____ TIME: _____

LOCATION: _____

WEATHER CONDITIONS _____

_____

_____

PLACE SEEN _____

_____

_____

BIRD BEHAVIOR _____

_____

_____

FEATURES / DESCRIPTION _____

_____

_____

NOTES:

SEASON: _____

DATE: _____ TIME: _____

LOCATION: _____

WEATHER CONDITIONS _____

_____

_____

PLACE SEEN _____

_____

_____

BIRD BEHAVIOR _____

_____

_____

FEATURES / DESCRIPTION _____

_____

_____

NOTES:

Season: _____

Date: _____ Time: _____

Location: _____

Weather Conditions _____

_____

_____

Place Seen _____

_____

_____

Bird Behavior _____

_____

_____

Features / Description _____

_____

_____

NOTES:

SEASON: _____

DATE: _____ TIME: _____

LOCATION: _____

WEATHER CONDITIONS _____

_____

_____

PLACE SEEN _____

_____

_____

BIRD BEHAVIOR _____

_____

_____

FEATURES / DESCRIPTION _____

_____

_____

NOTES:

SEASON: _____

DATE: _____ TIME: _____

LOCATION: _____

WEATHER CONDITIONS _____

_____

_____

PLACE SEEN _____

_____

_____

BIRD BEHAVIOR _____

_____

_____

FEATURES / DESCRIPTION _____

_____

_____

NOTES:

Season: _____

Date: _____ Time: _____

Location: _____

Weather Conditions _____

_____

_____

Place Seen _____

_____

_____

Bird Behavior _____

_____

_____

Features / Description _____

_____

_____

NOTES:

Season: _____

Date: _____ Time: _____

Location: _____

Weather Conditions _____

_____

_____

Place Seen _____

_____

_____

Bird Behavior _____

_____

_____

Features / Description _____

_____

_____

Notes:

SEASON: _____

DATE: _____ TIME: _____

LOCATION: _____

WEATHER CONDITIONS _____

_____

_____

PLACE SEEN _____

_____

_____

BIRD BEHAVIOR _____

_____

_____

FEATURES / DESCRIPTION _____

_____

_____

NOTES:

Season: _____

Date: _____ Time: _____

Location: _____

Weather Conditions _____

_____

_____

Place Seen _____

_____

_____

Bird Behavior _____

_____

_____

Features / Description _____

_____

_____

Notes:

Season: _____

Date: _____ TIME: _____

Location: _____

Weather Conditions _____

_____

_____

Place Seen _____

_____

_____

Bird Behavior _____

_____

_____

Features / Description _____

_____

_____

NOTES:

Season: _____

Date: _____ Time: _____

Location: _____

Weather Conditions _____

_____

_____

Place Seen _____

_____

_____

Bird Behavior _____

_____

_____

Features / Description _____

_____

_____

NOTES:

SEASON: _____

DATE: _____ TIME: _____

LOCATION: _____

WEATHER CONDITIONS _____

_____

_____

PLACE SEEN _____

_____

_____

BIRD BEHAVIOR _____

_____

_____

FEATURES / DESCRIPTION _____

_____

_____

NOTES:

Season: _____

Date: _____ Time: _____

Location: _____

Weather Conditions _____

_____

_____

Place Seen _____

_____

_____

Bird Behavior _____

_____

_____

Features / Description _____

_____

_____

NOTES:

SEASON: _____

DATE: _____ TIME: _____

LOCATION: _____

WEATHER CONDITIONS _____

_____

_____

PLACE SEEN _____

_____

_____

BIRD BEHAVIOR _____

_____

_____

FEATURES / DESCRIPTION _____

_____

_____

NOTES:

SEASON: _____

DATE: _____ TIME: _____

LOCATION: _____

WEATHER CONDITIONS _____

_____

_____

PLACE SEEN _____

_____

_____

BIRD BEHAVIOR _____

_____

_____

FEATURES / DESCRIPTION _____

_____

_____

NOTES:

Season: _____

Date: _____ Time: _____

Location: _____

Weather Conditions _____

_____

_____

Place Seen _____

_____

_____

Bird Behavior _____

_____

_____

Features / Description _____

_____

_____

NOTES:

SEASON: _____

DATE: _____ TIME: _____

LOCATION: _____

WEATHER CONDITIONS _____

_____

_____

PLACE SEEN _____

_____

_____

BIRD BEHAVIOR _____

_____

_____

FEATURES / DESCRIPTION _____

_____

_____

NOTES:

Season: _____

Date: _____ Time: _____

Location: _____

Weather Conditions _____

_____

_____

Place Seen _____

_____

_____

Bird Behavior _____

_____

_____

Features / Description _____

_____

_____

Notes:

SEASON: _____

DATE: _____ TIME: _____

LOCATION: _____

WEATHER CONDITIONS _____

_____

_____

PLACE SEEN _____

_____

_____

BIRD BEHAVIOR _____

_____

_____

FEATURES / DESCRIPTION _____

_____

_____

NOTES:

SEASON: _____

DATE: _____ TIME: _____

LOCATION: _____

WEATHER CONDITIONS _____

_____

_____

PLACE SEEN _____

_____

_____

BIRD BEHAVIOR _____

_____

_____

FEATURES / DESCRIPTION _____

_____

_____

NOTES:

Season: _____

Date: _____ Time: _____

Location: _____

Weather Conditions _____
_____
_____

Place Seen _____
_____
_____

Bird Behavior _____
_____
_____

Features / Description _____
_____
_____

NOTES:

SEASON: _____

DATE: _____ TIME: _____

LOCATION: _____

WEATHER CONDITIONS _____

_____

_____

PLACE SEEN _____

_____

_____

BIRD BEHAVIOR _____

_____

_____

FEATURES / DESCRIPTION _____

_____

_____

NOTES:

SEASON: _____

DATE: _____ TIME: _____

LOCATION: _____

WEATHER CONDITIONS _____

_____

_____

PLACE SEEN _____

_____

_____

BIRD BEHAVIOR _____

_____

_____

FEATURES / DESCRIPTION _____

_____

_____

NOTES:

Season: _____

Date: _____ Time: _____

Location: _____

Weather Conditions _____

_____

_____

Place Seen _____

_____

_____

Bird Behavior _____

_____

_____

Features / Description _____

_____

_____

NOTES:

Season: _____

Date: _____ Time: _____

Location: _____

Weather Conditions _____

_____

_____

Place Seen _____

_____

_____

Bird Behavior _____

_____

_____

Features / Description _____

_____

_____

NOTES:

SEASON: _____

DATE: _____ TIME: _____

LOCATION: _____

WEATHER CONDITIONS _____

_____

_____

PLACE SEEN _____

_____

_____

BIRD BEHAVIOR _____

_____

_____

FEATURES / DESCRIPTION _____

_____

_____

NOTES:

Season: _____

Date: _____ Time: _____

Location: _____

Weather Conditions _____

_____

_____

Place Seen _____

_____

_____

Bird Behavior _____

_____

_____

Features / Description _____

_____

_____

NOTES:

Season: _____

Date: _____ Time: _____

Location: _____

Weather Conditions _____

_____

_____

Place Seen _____

_____

_____

Bird Behavior _____

_____

_____

Features / Description _____

_____

_____

Notes:

Season: _____

Date: _____ Time: _____

Location: _____

Weather Conditions _____

_____

_____

Place Seen _____

_____

_____

Bird Behavior _____

_____

_____

Features / Description _____

_____

_____

NOTES:

SEASON: _____

DATE: _____ TIME: _____

LOCATION: _____

WEATHER CONDITIONS _____

_____

_____

PLACE SEEN _____

_____

_____

BIRD BEHAVIOR _____

_____

_____

FEATURES / DESCRIPTION _____

_____

_____

NOTES:

Season: _____

Date: _____ Time: _____

Location: _____

Weather Conditions _____

_____

_____

Place Seen _____

_____

_____

Bird Behavior _____

_____

_____

Features / Description _____

_____

_____

Notes:

Season: _____

Date: _____ Time: _____

Location: _____

Weather Conditions _____

_____

_____

Place Seen _____

_____

_____

Bird Behavior _____

_____

_____

Features / Description _____

_____

_____

Notes:

SEASON: _____

DATE: _____ TIME: _____

LOCATION: _____

WEATHER CONDITIONS _____

_____

_____

PLACE SEEN _____

_____

_____

BIRD BEHAVIOR _____

_____

_____

FEATURES / DESCRIPTION _____

_____

_____

NOTES:

Season: _____

Date: _____ Time: _____

Location: _____

Weather Conditions _____

_____

_____

Place Seen _____

_____

_____

Bird Behavior _____

_____

_____

Features / Description _____

_____

_____

NOTES:

SEASON: _____

DATE: _____ TIME: _____

LOCATION: _____

WEATHER CONDITIONS _____

_____

_____

PLACE SEEN _____

_____

_____

BIRD BEHAVIOR _____

_____

_____

FEATURES / DESCRIPTION _____

_____

_____

NOTES:

SEASON: _____

DATE: _____ TIME: _____

LOCATION: _____

WEATHER CONDITIONS _____

_____

_____

PLACE SEEN _____

_____

_____

BIRD BEHAVIOR _____

_____

_____

FEATURES / DESCRIPTION _____

_____

_____

NOTES:

SEASON: _____

DATE: _____ TIME: _____

LOCATION: _____

WEATHER CONDITIONS _____

_____

_____

PLACE SEEN _____

_____

_____

BIRD BEHAVIOR _____

_____

_____

FEATURES / DESCRIPTION _____

_____

_____

NOTES:

SEASON: _____

DATE: _____ TIME: _____

LOCATION: _____

WEATHER CONDITIONS _____

_____

_____

PLACE SEEN _____

_____

_____

BIRD BEHAVIOR _____

_____

_____

FEATURES / DESCRIPTION _____

_____

_____

NOTES:

Season: _____

Date: _____ Time: _____

Location: _____

Weather Conditions _____

_____

_____

Place Seen _____

_____

_____

Bird Behavior _____

_____

_____

Features / Description _____

_____

_____

Notes:

Season: _____

Date: _____ Time: _____

Location: _____

Weather Conditions _____
_____
_____

Place Seen _____
_____
_____

Bird Behavior _____
_____
_____

Features / Description _____
_____
_____

Notes:

SEASON: _____

DATE: _____ TIME: _____

LOCATION: _____

WEATHER CONDITIONS _____

_____

_____

PLACE SEEN _____

_____

_____

BIRD BEHAVIOR _____

_____

_____

FEATURES / DESCRIPTION _____

_____

_____

NOTES:

Season: _____

Date: _____ Time: _____

Location: _____

Weather Conditions _____

_____

_____

Place Seen _____

_____

_____

Bird Behavior _____

_____

_____

Features / Description _____

_____

_____

Notes:

SEASON: _____

DATE: _____ TIME: _____

LOCATION: _____

WEATHER CONDITIONS _____

_____

_____

PLACE SEEN _____

_____

_____

BIRD BEHAVIOR _____

_____

_____

FEATURES / DESCRIPTION _____

_____

_____

NOTES:

SEASON: _____

DATE: _____ TIME: _____

LOCATION: _____

WEATHER CONDITIONS _____

_____

_____

PLACE SEEN _____

_____

_____

BIRD BEHAVIOR _____

_____

_____

FEATURES / DESCRIPTION _____

_____

_____

NOTES:

Season: _____

Date: _____ Time: _____

Location: _____

Weather Conditions _____

_____

_____

Place Seen _____

_____

_____

Bird Behavior _____

_____

_____

Features / Description _____

_____

_____

Notes:

SEASON: _____

DATE: _____ TIME: _____

LOCATION: _____

WEATHER CONDITIONS _____

_____

_____

PLACE SEEN _____

_____

_____

BIRD BEHAVIOR _____

_____

_____

FEATURES / DESCRIPTION _____

_____

_____

NOTES:

Made in the USA
Middletown, DE
07 June 2021